Barbara Bartos-Höppner   Renate Seelig

Die Kinderbibel

Klaus Weber danke ich sehr herzlich für die kompetente und motivierende theologische Beratung.
R.S.

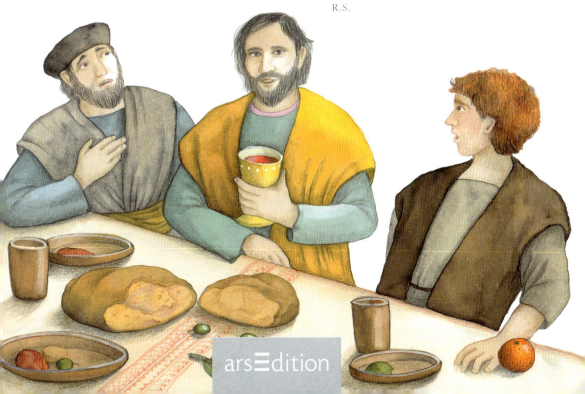

arsEdition

ALTES TESTAMENT

Gott erschafft Himmel und Erde   6
Genesis 1,2

Gott erschafft den Menschen   8
Genesis 1,2

Der verbotene Apfelbaum   10
Genesis 3

Das verschlossene Paradies   13
Genesis 3

Die Brüder Kain und Abel   14
Genesis 4

Noah baut die Arche   17
Genesis 6, 7, 8, 9

Abraham verlässt seine Heimat   18
Genesis 12, 13

Die drei Gäste   21
Genesis 18

Die Brautsuche   22
Genesis 24

Der Korb im Schilf   24
Exodus 2

Der brennende Dornbusch   26
Exodus 3–6

Der Auszug aus Ägypten   28
Exodus 13

Die Gebote Gottes   30
Exodus 20

Auf dem Weg nach Kanaan   32
Josua 3, 4, 6

Samuel findet David   34
1. Samuel 16

David und Goliat   36
1. Samuel 17

König David   39
2. Samuel 2, 5

Die Stadt Gottes   40
2. Samuel 5, 6

Daniel in der Löwengrube   42
Daniel 6,2–29

Jona und der Wal   45
Jona 1, 2, 3

NEUES TESTAMENT

Warten auf den neuen König 48
Mattäus 3,1
Die Verkündigung 50
Lukas 1,26–38
Josef und Maria 52
Mattäus 1,18–24, Lukas 2,1–4
Die Geburt im Stall 54
Lukas 2,1–20
Bei den Hirten auf dem Felde 56
Lukas 2,8–14
Im Stall von Bethlehem 59
Lukas 2,15–19
Die drei Weisen aus dem Morgenland 60
Mattäus 2,1–11
Die Flucht nach Ägypten 63
Mattäus 2,12–18
Jesus wird getauft 64
Mattäus 3,13–17
Das Fischwunder 67
Lukas 5,1–11
Jesus heilt den Gelähmten 69
Markus 2,1–12, Lukas 5,17–26
Die zwölf Jünger 70
Mattäus 9,9–13, 10,1–4
Jesus und die Kinder 72
Markus 10,13–16
Brot und Fische für fünftausend 74
Johannes 6,4–14
Jesus geht über das Wasser 76
Mattäus 14,22–33
Dreißig Silberlinge 78
Mattäus 26,14–16
Das Abendmahl 80
Johannes 13,4–17, Mattäus 26,34
Brot und Wein 82
Mattäus 26,20–30

Die Gefangennahme 84
Mattäus 26,46–47, Lukas 22,47–53, Markus 14,66–72
Vor Pilatus 87
Mattäus 26,42–75, 27,1–31, Markus 14,66–72
Die Kreuzigung 89
Markus 15,20b–38, Lukas 23,26–49, Johannes 19b–33
Das leere Grab 90
Markus 15,42–47, 16,1–7
Die Himmelfahrt 92
Mattäus 28,16–20, Apostelgeschichte 1,2–12, 20,1–10, Johannes 6,4–14
Das Pfingstwunder 94
Apostelgeschichte 2,1–12, 14,22–33

Nachwort / Biografien 96

Geschichten aus dem Alten Testament

GOTT ERSCHAFFT HIMMEL UND ERDE

Es war dunkel. Tiefe Finsternis überall.
Da sagte Gott: »Es soll hell werden!«
Und das Licht kam in die Welt.
Gott gefiel das Licht. Er sagte:
»Das Licht soll Tag heißen.«
Und die Finsternis nannte er Nacht.
Da war der erste Tag vorüber.

Am zweiten Tag schuf Gott den Himmel und wölbte ihn.
Am dritten Tag trennte Gott das viele Wasser über der Erde.
Er teilte dem Wasser und dem trockenen Land seinen Platz zu.
Das Wasser nannte er Meer und er gab ihm Wellen und Wind,
und das trockene Land nannte er Erde. Er ließ die Erde grün
werden von Gras und Bäumen, Kräutern und Moos. Am
vierten Tag schuf Gott die Sonne für den Tag und für die
Nacht den Mond und die Sterne.
Am fünften Tag setzte Gott in das Meer kleine und große
Fische, Muscheln und Schnecken und ließ allerlei Vögel unter
dem Himmel fliegen.

GOTT ERSCHAFFT DEN MENSCHEN

»Es fehlt noch so vieles auf der Erde«, sprach Gott. »Sie ist so still und stumm.« Und schon ließ er Hühner gackern und Kühe blöken, er schuf Löwen, Esel und Ziegen, ließ Affen auf den Bäumen turnen, er schuf Pferde, Rehe, Hasen und Regenwürmer und viele Tiere mehr. Gott hatte keins vergessen. Aber zufrieden war er immer noch nicht.

Er dachte nach. »Ein Mensch fehlt noch«, sagte er, nahm einen Klumpen Erde und formte ihn in seinen Händen. Gott sagte: »Er soll aussehen wie ich. Er soll Hände und Füße haben und mit seinem Kopf soll er denken können. Und er soll mich lieben, so wie ich ihn liebe.«

Gott strich die Erde in seinen Händen glatt und der Mensch stand vor ihm. Er nannte ihn Adam. Gott zeigte ihm das ganze Land und sagte: »Hier kannst du leben und fröhlich sein.«
Es dauerte nicht lange, und Adam kannte alle Tiere beim Namen. Er spielte mit ihnen und freute sich. Nur am Abend, wenn sich die Tiere zusammen schlafen legten, war er einsam. Das sah Gott und er formte noch einen Menschen. Es war eine Frau, die er Eva nannte.
Sechs Tage hatte Gott für seine Arbeit gebraucht. Er sagte: »Alles ist gut geraten.« Und am siebten Tag ruhte Gott sich aus.

DER VERBOTENE APFELBAUM

Gott legte einen herrlichen Garten an und nannte ihn Paradies. Blumen und Bäume standen darin und große und kleine Tiere tummelten sich. »Alles gehört dir«, sagte Gott zu Adam und führte ihn zu den Bäumen. Vor einem Apfelbaum in der Mitte des Gartens blieb er stehen. »Alle Früchte dürft ihr euch pflücken, aber nicht einen einzigen Apfel von diesem Baum. Es ist der Baum der Erkenntnis. Ich sage es dir, und ihr sollt mir gehorsam sein.«
Adam und Eva lebten nun Tag für Tag glücklich im Paradies. Sie freuten sich, wenn die Sonne aufging, und warteten abends auf den Mond und die Sterne. Eines Tages, als Eva allein durch den Garten ging, kam sie zu dem Apfelbaum, von dem sie nicht essen sollten.
Da flüsterte eine Stimme: »Es sind die besten Äpfel.« Eva sah, dass sich eine Schlange um den Baum ringelte.
»Wenn du nur einen einzigen pflückst, dann merkt es Gott nicht.« Eva hob den Arm. »Einen einzigen nur«, hörte sie wieder. Jetzt hatte Eva den Apfel in der Hand. Sie biss hinein und rannte zu Adam.
»Hier!«, rief sie. »Hier! Ich habe einen Apfel gepflückt. Er schmeckt wunderbar.« Jetzt biss auch Adam hinein und sie aßen ihn auf. Danach sagte Adam: »Wir haben etwas sehr Schlimmes getan, ich schäme mich dafür.«
»Ich auch«, rief Eva. Und plötzlich bemerkten sie, dass sie nackt waren. Sie versteckten sich hinter Sträuchern.

DAS VERSCHLOSSENE PARADIES

Wie an jedem Abend kam Gott in den Garten. Er fand Adam und Eva nicht und rief: »Wo seid ihr?«
Adam und Eva kamen aus ihrem Versteck. Beide hatten sich mit großen Blättern bedeckt.
»Warum habt ihr euch versteckt?«, fragte Gott.
Jetzt mussten sie sagen, was sie getan hatten. Da wurde Gott sehr traurig. »Ihr wisst nun, was Gut und Böse ist, und könnt nicht mehr in diesem Garten leben. Ihr müsst fortgehen und euern Weg auf der Erde ganz allein finden. Ihr werdet viel arbeiten müssen, damit ihr essen und trinken könnt. Auf den Feldern und zwischen Bäumen werden von jetzt an Disteln wachsen, und wenn ihr alt seid, werdet ihr sterben. Doch wenn ihr auch nicht gehorsam gewesen seid, lieben werde ich euch immer.«
Adam und Eva gingen davon und wussten nicht, wohin. Aber bevor sie durch das Tor des Paradieses gingen, gab ihnen Gott noch Felle, damit sie nicht frieren mussten in ihrem neuen Leben. Als sie das Paradies verlassen hatten, sahen sie noch einmal zurück. Sie erschraken. Vor dem Tor stand jetzt ein Engel, groß und mächtig. Er hatte ein brennendes Schwert in der Hand, damit niemand mehr in das Paradies zurückkehren konnte.

DIE BRÜDER KAIN UND ABEL

Adam und Eva ließen sich auf einem Stück Land nieder. Sie säten, ackerten und ernteten und sie bekamen zwei Söhne. Den ersten nannten sie Kain, und Kain wurde ein Bauer. Den zweiten Sohn nannten sie Abel, und Abel wurde ein Hirte. Beide hörten sie auf Gottes Wort. Abel liebte Gott von ganzem Herzen, Kain aber tat nur so.
Als sie eines Tages im Feld eine Feuerstelle bauten, um darauf für Gott ein Opfer zu bringen, freute sich Gott über Abels Opfer. Es war ein Lamm. Kains Opfer war nur eine Garbe goldgelber Körner.
»Du gibst es nicht gern«, sagte Gott zu Kain. »Du hast ein hartes Herz. Du solltest so gut wie dein Bruder sein.«
Da befiel Kain großer Neid und er geriet in fürchterliche Wut. Und als er mit seinem Bruder allein auf dem Felde war, erschlug er ihn. Kain ging davon, aber Gott hatte es gesehen und rief: »Kain, wo ist dein Bruder Abel?«
»Bin ich sein Aufpasser?«, rief Kain. »Ich weiß es nicht.«
»Du weißt es«, sagte Gott. »Du hast ihn getötet. Dafür musst du nun umherziehen dein ganzes Leben lang. Nirgendwo sollst du Ruhe finden!«
Und so geschah es: Mit Kain kam das Böse unter die Menschen.

NOAH BAUT DIE ARCHE

Viele Jahre vergingen, da gab es im Lande einen Mann, der hieß Noah. Er war gut und lebte so, wie es Gott gefiel. Die anderen Menschen aber waren böse. Sie logen, zankten und schlugen sich. Darüber geriet Gott in schrecklichen Zorn. Er sagte zu Noah: »Mit einer großen Flut will ich die Menschen auf dieser Erde vernichten, du allein sollst am Leben bleiben. Deshalb baue ein festes Schiff. Geh mit deiner Familie hinein und nimm von allen Tieren dieser Erde ein Paar mit.« Und so bauten Noah und seine Söhne die Arche, wie Gott gesagt hatte. Kaum war Noah mit seiner Familie und den Tieren sicher auf dem Schiff, ließ Gott es regnen, vierzig Tage und Nächte lang. Die ganze Erde wurde von einer Flut bedeckt – bis über die Berge. Alle Menschen und Tiere ertranken.
Als der Regen endlich aufhörte, sank die Arche auf einen Berg und saß fest. Da ließ Noah eine Taube fliegen. Aber sie kam zurück, weil sie kein Land gefunden hatte. Tage darauf ließ er die Taube wieder fliegen. Diesmal kehrte sie zurück mit einem frischen Zweig im Schnabel.
»Die Erde wird wieder grün!«, rief Noah voller Freude. Und so war es. Nicht lange darauf sprach Gott zu Noah: »Geh nun mit deiner Familie und den Tieren an Land. Von nun an soll es Saat und Ernte, Sommer und Winter, Tag und Nacht geben, solange die Erde besteht. Und ich will einen Regenbogen aus den Wolken auf die Erde schicken zum Zeichen meines Segens für euch und alle, die nach euch kommen.«

ABRAHAM VERLÄSST SEINE HEIMAT

Und wieder vergingen viele Jahre. Noahs Söhne hatten Enkel und viele Urenkel. Sie ließen sich im Lande nieder. Sie bauten Hütten und Häuser. Es gab eine reiche Stadt, und dort wohnte ein reicher, alter Mann. Die Stadt hieß Ur und der Mann hieß Abraham. Er glaubte an Gott und brachte nicht mehreren Göttern Opfergaben dar wie die anderen Leute. Eines Tages redete Gott mit ihm: »Geh fort von hier in ein Land, das ich dir zeigen werde. Ich habe Großes mit dir vor. Du sollst der Vater eines ganzen Volkes werden.«
Es fiel Abraham nicht leicht, alles zurückzulassen. Aber er gehorchte Gott und machte sich mit seiner Frau Sarah, den Dienern und Hirten auf den Weg. Sie kamen nur mühsam voran. Die große Herde mit Kamelen, Rindern und Schafen musste zusammengehalten und am Abend gefüttert und getränkt werden. Aber Gott führte sie, und sie fanden immer eine Stelle, wo sie sich niederlassen konnten.
Eines Abends lag Abraham schlaflos im Zelt. »Wie lange sollen wir noch so dahinziehen? Und wie soll ich der Vater eines Volkes werden? Ich habe nicht einen einzigen Sohn.«

DIE DREI GÄSTE

Nach langer Wanderung hatte Abraham für seine Herde eine gute Weide gefunden. Im Schatten einer mächtigen Eiche ließ er das Zelt aufschlagen. Sarah war einverstanden und freute sich. Die Rinder bekamen Kälber, die Schafe bekamen Lämmer.
Nur einen Sohn bekamen Abraham und Sarah nicht.
Eines Tages näherten sich drei Fremde dem Zelt. Abraham bat sie, sich im Schatten des Baumes niederzusetzen, und Sarah bat er, ein gutes Essen zu kochen. Das dauerte seine Zeit. Inzwischen stillten die Gäste ihren Durst und kühlten ihre Füße mit Wasser. Dann sprachen sie mit Abraham.
Der eine von ihnen fragte: »Wo ist Sarah?«
»Im Zelt«, sagte Abraham.
Der Gast nickte. »In einem Jahr wird Sarah einen Sohn bekommen«, sagte er.
Sarah hatte hinter dem Zeltvorhang gelauscht. Sie lachte leise. »Ich alte Frau soll einen Sohn bekommen?«, flüsterte sie.
Der Gast hatte sie lachen hören. »Warum lacht Sarah?«, fragte er. »Weiß sie denn nicht, dass bei Gott alles möglich ist?«
In diesem Augenblick erkannte Abraham, dass Gott selbst zu ihm gekommen war. Und nach einem Jahr wurde ihm von Sarah ein Sohn geboren. Sie nannten ihn Isaak.

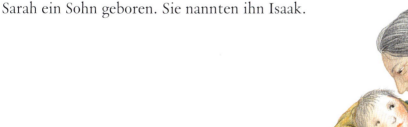

DIE BRAUTSUCHE

Isaak wuchs heran. Er liebte seinen Vater und seine Mutter sehr und wurde ein schöner, junger Mann.
Eines Tages rief Abraham seinen treuen Knecht zu sich.
Er sprach zu ihm: »Du sollst in das Land gehen, aus dem wir gekommen sind, und von dort für meinen Sohn eine Frau mitbringen. Suche die besten weißen Kamele aus und packe ihnen Hochzeitsgeschenke auf.«
»Ja, Herr. Aber wie soll ich die richtige Braut erkennen?«
»Vertrau auf Gott, er wird dir ein Zeichen geben.«
Also bepackte der Knecht die weißen Kamele und machte sich auf den weiten Weg.

Je näher er der Stadt kam, aus der er die Braut holen sollte, desto ratloser wurde er. Es ging auf den Abend zu und er rastete mit den Tieren an einem Brunnen. Er fiel auf die Knie und betete. Da hörte er Schritte hinter sich. Es war ein Mädchen, das einen Krug voll Wasser aus dem Brunnen holen wollte. Und der Knecht Abrahams fragte: »Würdest du mir einen Schluck zu trinken geben?«
»Gewiss«, sagte das Mädchen, »und ich schöpfe auch noch Wasser für deine Tiere.«
Da wusste Abrahams Knecht, dass Gott ihm das Zeichen gegeben hatte. »Wie heißt du?«, fragte er. »Rebekka«, antwortete das Mädchen. Und so brachte der Knecht Rebekka zu Abraham, wo sie Isaaks Frau wurde.

DER KORB IM SCHILF

Die Zeit verging. Längst herrschte ein anderer Pharao in Ägypten. Der hasste die Israeliten, die einmal voller Vertrauen ins Land gekommen waren. Und er machte die Bauern, Viehzüchter und Händler zu seinen Sklaven. Sie werden fortgehen, dachte er. Aber sie gingen nicht. Da ersann der Pharao ein schreckliches Gesetz. Alle männlichen Kinder, die den Israeliten geboren werden, sollten in den Nil geworfen werden.
Da kam in einer der Familien ein schöner Junge zur Welt. Die Mutter versteckte ihn, drei Monate lang. Als das Kind lebhafter wurde, flocht sie einen Korb aus Binsen und bestrich ihn außen dick mit Pech. Sie legte das Kind hinein und brachte es zum Nil hinunter. Dort versteckte sie es im Schilf. Die Schwester des Kleinen verbarg sich ganz in der Nähe.

Kurz darauf kam die Tochter des Pharao. Sie wollte baden und hörte plötzlich ein Kind weinen. Sie und ihre Dienerin suchten nicht lange und fanden das Körbchen mit dem Kind. Die Tochter des Pharao nahm es auf und wiegte es. Auf einmal stand ein Mädchen vor ihr.
»Soll ich eine Amme für das Kind holen?«, fragte es.
»Ja, lauf schnell«, rief die Tochter des Pharao. Und die Schwester des Kleinen rannte nach Hause und holte die Mutter.
»Zieh das Kind auf«, sagte die Tochter des Pharao, »und wenn es dich nicht mehr braucht, bring es zu mir an den Königshof. Ich werde für alles sorgen. Es ist ein Junge. Er soll Mose heißen.«

DER BRENNENDE DORNBUSCH

Als Mose alt genug war, kam er an den Königshof und wurde wie ein Prinz erzogen. Er sah aber auch, wie schlecht die Menschen seines Volkes von den ägyptischen Aufsehern behandelt wurden. Eines Tages kam er dazu, wie ein Aufseher einen Israeliten prügelte, bis er liegen blieb.
Da erschlug Mose den Ägypter und floh.
Er wurde ein Hirte, der für die Herden der Israeliten sorgte. Eines Tages sah er in der Ferne ein Feuer. Es war ein Dornbusch, der hellauf loderte.
Mose ging näher. Jetzt hörte er eine Stimme: »Mose, ich sehe, was mit meinen Kindern in Ägypten geschieht. Ich will sie retten. Und ich will dich zum Pharao senden. Sage ihm, er soll mein Volk nicht hindern, aus diesem Land fortzugehen.«

Da wusste Mose, dass Gott mit ihm gesprochen hatte.
Der Pharao lachte nur, als Mose mit Gottes Forderung vor ihm stand. Da sagte Mose: »Der Gott unseres Volkes wird deinem Land viele Plagen schicken.«
Und so geschah es. Zuerst schwemmte der Fluss dicken Schlamm über das Land. Es gab kein sauberes Trinkwasser mehr. Dann krochen überall Frösche hervor und Stechmücken plagten die Menschen. Heuschrecken und Hagel verwüsteten das Land. Als der Pharao die Israeliten trotzdem nicht ziehen ließ, befahl Gott, dass alle erstgeborenen Kinder der Ägypter sterben sollten. Es dauerte nicht lange, und aus den Häusern war Weinen und Wehklagen zu hören. Da gab der Pharao endlich nach. Die Israeliten durften das Land verlassen.

DER AUSZUG AUS ÄGYPTEN

Nun musste alles sehr schnell gehen. Die Tiere wurden aus den Pferchen getrieben, der Hausrat zusammengepackt, und auch das ungebackene Brot wurde mitgenommen. Den Israeliten fehlte kein Kind, kein Tier.

Mose führte sie, und ihn führte am Tag eine weiße Wolke und ein Feuerschein in der Nacht. Sie wussten, es war Gott, der sie führte.

Auf dem weiten Weg nach Kanaan erreichten sie das Rote Meer und Mose ließ die Zelte aufstellen. Da sahen sie in der Ferne unzählige ägyptische Streitwagen näher kommen. Der Pharao hatte ihnen sein ganzes Heer nachgeschickt, um sie zurückzuholen. Er brauchte die israelitischen Sklaven. Wer sollte den Ägyptern sonst die Pyramiden und Paläste bauen?

»Fürchtet euch nicht«, sagte Mose, »unser Gott ist mit uns.«

Da zog eine große Wolke am Himmel auf. Diese blieb auf der einen Seite hell. Auf der anderen aber verhüllte sie den Feinden jede Sicht. Der Wind teilte das Wasser des Roten Meeres und die Kinder Gottes konnten mit trockenen Füßen hindurchziehen. Für die Feinde jedoch wurde die dunkle Wolke zur Flut und sie ertranken alle.

Das Volk Israel aber war gerettet und dankte Gott.

DIE GEBOTE GOTTES

Der Weg nach Kanaan führte durch die Wüste Sinai.
An einem hohen Berg rasteten alle. Mose stieg zum Berg hinauf und redete mit Gott. Drei Tage später kam Gott auf den Berg herab. Es blitzte und donnerte, die Erde bebte und der Berg war in Feuer gehüllt. Alle hörten, was Gott zu Mose sprach:
»Ich allein bin der Herr, dein Gott. Ich habe dich aus der Knechtschaft in Ägypten geführt.
Du sollst keine anderen Götter haben neben mir.
Du sollst keine Götterbilder verehren und ihnen opfern.
Du sollst meinen Namen niemals missbrauchen.
Du sollst sechs Tage arbeiten, aber am siebten Tage sollst du ruhen, dieser Tag soll mir geweiht sein.
Du sollst deinen Vater und deine Mutter lieben.
Du sollst niemals töten.
Du sollst nicht ehebrechen.
Du sollst nichts nehmen, das dir nicht gehört.
Du sollst niemals lügen.
Du sollst nicht haben wollen, was ein anderer besitzt.«
Alles, was er sagte, schrieb Gott auf zwei steinerne Tafeln.
Die Israeliten hörten die Gebote und wollten danach leben, um ein heiliges Volk und mit Gott im Bunde zu sein.

AUF DEM WEG NACH KANAAN

Mose war noch einmal auf den Berg Sinai gestiegen. Gott hatte ihn von dort das Gelobte Land sehen lassen. Bald darauf starb Mose und Josua wurde sein Nachfolger.
»Jetzt wirst du mein Volk in das Land Kanaan führen, und es wird euch gehören, wie ich es versprochen habe«, sprach Gott. Josua gehorchte und führte die Israeliten bis an den Fluss Jordan heran. Dort mussten die Priester mit der goldenen Truhe vorangehen, in der die steinernen Tafeln mit Gottes Geboten lagen. Als sie das Wasser berührten, hörte es auf zu fließen. Der lange Zug aus Menschen und Tieren kam ohne Gefahr ans andere Ufer.
Nicht lange, und vor ihnen lag die Stadt Jericho.

Niemand wollte die Fremden dort. Der König hatte die Tore fest verrammeln lassen. Da sagte Gott zu Josua: »Der König von Jericho, die Menschen und die ganze Stadt gehören dir. Lass die Priester mit der Truhe, in der unser gemeinsamer Bund auf den Tafeln geschrieben steht, sechs Tage lang um die Stadt ziehen, siebenmal am siebenten Tag. Beim letzten Mal lasst die Posaunen erschallen, und das ganze Volk Israel soll schreien, so laut es kann.«

Und so geschah es. Am siebten Tag, beim siebten Umgang brach das ganze Volk Israel in ohrenbetäubendes, gellendes Geschrei aus. Da stürzten die Mauern von Jericho zusammen und das Volk Israel strömte in die Stadt hinein.

SAMUEL FINDET DAVID

Das Volk Israel lebte gut in Kanaan. Zwölf Stämme waren es. David war der jüngste Sohn eines Mannes in Bethlehem. Oft hütete er die Herden seines Vaters. Zweierlei mochte er besonders gern: singen und die Harfe spielen. Außerdem wusste er sicher mit der Steinschleuder umzugehen und er erfand eigene Lieder.

Eines Tages beobachtete er, wie ein Löwe sich ein Lamm jagen wollte. Da traf ihn David mit dem Stein seiner Schleuder mitten auf die Stirn. Sofort ging der Löwe auf David los. Blitzschnell zog David sein Messer und stach ihn nieder. Um diese Zeit kam ein hochgeachteter Mann nach Bethlehem. Es war der Prophet Samuel. Er wollte zu Davids Vater. Gott hatte ihm gesagt: »Einen von den Söhnen dieses Mannes habe ich zum König auserwählt.«

Propheten waren Männer, die deuten konnten, was Gott wollte und was einmal geschehen würde. Davids Vater war von diesem Besuch sehr geehrt. Er ließ sieben seiner Söhne rufen.

Samuel sprach mit ihnen und fragte: »Hast du noch einen Sohn?«
»Ja. David ist bei der Herde. Ich werde nach ihm schicken.«
Samuel wartete. Gott hatte ihm gesagt: »Sieh nicht auf das Äußere. Sieh auf das Herz.«
Jetzt kniete David vor ihm, und Samuel spürte: Diesen hat Gott gemeint. Er soll später einmal König werden. Und er salbte David.

DAVID UND GOLIAT

Es waren schwere Zeiten für das Volk Israel. Die Philister waren mit ihrer Streitmacht ins Land eingefallen. David hielt es nicht länger daheim. Seine Brüder waren schon bei den Kämpfern des Königs Saul.
Als David sich dem Kampfplatz näherte, sah er einen Mann, so riesenhaft, wie er noch nie einen gesehen hatte. Der Riese drohte mit seinem Schwert und verhöhnte die Kämpfer.
Da sagte David: »Ich werde ihn besiegen.«
Alle hielten ihn zurück, auch König Saul. »Dieser Mann trägt eine Rüstung und du trägst nur deinen Hirtenrock«, warnten sie ihn.
»Ich habe meine Steinschleuder«, rief David, »und mit mir ist unser Gott.« David hielt nichts mehr zurück. »Hier ist der Mann, auf den du wartest, Goliat«, rief er und ging Schritt für Schritt auf den Riesen zu.

Der Riese lachte. »Mit dir, du Wurm, soll ich kämpfen?«
»Ja«, rief David, »und ich werde dich töten!«
Der Riese lachte jetzt so laut, dass alle erschraken. Ruhig legte
David einen Stein in seine Schleuder und ließ sie kreisen, schnell,
noch schneller. Jetzt flog der Stein. Der Riese fiel zu Boden.
Da war David schon bei ihm, riss ihm das riesige Schwert aus
der Hand und tötete ihn damit. Das Heer der Philister floh.
Was David getan hatte, ging wie ein Lauffeuer durch das Land.

KÖNIG DAVID

David! David! Es war nicht allein seine mutige Tat, die ihn so beliebt machte. Es waren seine Lieder, sein Harfenspiel. David konnte so fröhlich sein, und König Saul holte ihn an den Hof. David freundete sich mit dem Königssohn Jonathan an, und immer wieder jubelten die Leute ihm zu: »David! David!« Bald hörte es König Saul nicht mehr gerne, und aus seinem Unmut wurde Neid. Eines Tages warf er seinen Speer nach David. Er verfehlte ihn. David floh, er floh so schnell er konnte. Jahrelang versteckte er sich, manchmal sogar bei den Feinden. Als wieder einmal ein Kampf mit den Philistern ausbrach, kamen König Saul und sein Sohn ums Leben. Jetzt hatte das Volk Israel keinen König mehr.
»David? Wo ist David?«, riefen die Leute.
Für David gab es keinen Grund mehr, sich zu verstecken. Er ging wieder zu den Israeliten. Und das Volk wählte ihn zu seinem neuen König. So war aus dem Hirtenjungen wahrhaftig ein König geworden.

DIE STADT GOTTES

Alle zwölf Stämme des Volkes Israel waren mit König David zufrieden. Er selbst aber war unzufrieden. Er wollte in Jerusalem leben. Doch diese Stadt gehörte nicht zu seinem Reich und ihre Menschen glaubten nicht an den Gott Israels. Jerusalem konnte nur durch eine List erobert werden, denn die Stadt war eine starke Festung. Aber es gab einen Schacht, durch den das Wasser aus den Bergen in die Stadt floss. Einige mutige Männer Davids waren bereit, sich durch diesen Schacht zu zwängen. Sie brachten es fertig und öffneten die Stadttore von innen. So kam David mit seinen Kämpfern nach Jerusalem hinein. David baute sich einen prächtigen Palast aus Zedernholz in Jerusalem. Immer wieder aber musste er an die Truhe denken, in der die steinernen Tafeln mit den Geboten Gottes lagen. Noch immer stand sie unter einem Zelt.
David wurde unruhig. Ich will für die Truhe hier einen Tempel bauen, so schön und so kostbar, wie es noch keinen gegeben hat. Noch in derselben Nacht sprach Gott mit David: »Du, David, hast Jerusalem zu meiner Stadt gemacht. Den Tempel aber soll dein Sohn Salomo bauen, wenn er König geworden ist.«

DANIEL IN DER LÖWENGRUBE

Jahr um Jahr war vergangen. Es waren schwere Jahre für das Volk Israel: Der Tempel, den König Salomo nach Gottes Willen gebaut hatte, wurde niedergebrannt. Es gab Kämpfe und einen verlorenen Krieg. Viele Israeliten waren Sklaven in Babylon. Nur Daniel wurde kein Sklave, weil er den Traum des Königs Darius richtig gedeutet hatte. Er war sein Berater geworden und blieb es. Jetzt war Daniel alt, aber immer noch ging er am Königshof ein und aus. Der Neid der Beamten wurde von Tag zu Tag größer. Sie ersannen eine Falle. Sie überredeten den König, ein neues Gesetz auszurufen. Von nun an durften alle Menschen nur noch den König anbeten. Aber Daniel betete weiter zu seinem Gott, an den er glaubte. Da musste ihn der König zum Tode verurteilen, wenn ihm das Herz auch noch so wehtat. Und der alte Daniel wurde von den Wachen des Königs in die Grube geworfen, in der die hungrigen Löwen auf Futter warteten.
In der Nacht quälte den König das schlechte Gewissen. Daniel aber betete wieder zu seinem Gott. Und die Löwen kamen, legten sich ihm zu Füßen und ließen sich die Köpfe kraulen.
»Daniel!«, rief der König in aller Frühe. »Daniel!«
»Ja, Herr, hier bin ich.« Daniel kam aus der Grube heraus und sie fielen sich in die Arme.

JONA UND DER WAL

Viele Jahre später lebte ein frommer, gehorsamer Mann mit Namen Jona. Er verstand stets, was Gott wollte, und erklärte es den Menschen. Als Gott ihm eines Tages befahl, in die große Stadt Ninive zu gehen, um die Leute von ihrer Bosheit abzubringen, weigerte er sich. Jona fürchtete sich vor dem Zorn der Leute. Er floh auf ein Schiff. Das hatte eine weite Reise vor sich. Jona dachte schon, er wäre gerettet. Aber unterwegs geriet das Schiff in einen schrecklichen Sturm.

Jetzt ahnte Jona, dass Gott den Sturm seinetwegen geschickt hatte. Er rief: »Ich bin schuld! Ich war ungehorsam gegen Gott. Werft mich über Bord, dann werden die Wellen sich beruhigen!« Die Seeleute wollten es nicht. In ihrer Not aber warfen sie ihn doch ins Meer. Jona sank tief hinab. Plötzlich schoss ein riesiger Wal auf ihn zu und verschlang ihn. Jona glaubte, sein Ende sei gekommen. Dunkelheit war um ihn her, drei Tage und drei Nächte lang. Doch Jona konnte noch atmen. Hatte Gott den Wal geschickt? Wollte er ihn retten? Jona betete. Jona bat Gott um Verzeihung. Er gelobte, nach Ninive zu gehen, um die bösen Leute zur Umkehr zu bringen.

Da erhörte Gott seine Bitte. Der Fisch tauchte auf und spuckte Jona auf festes Land. Und Jona hielt Wort. Er machte sich auf den Weg nach Ninive. Dort predigte er, die Leute hörten auf ihn und lebten nach Gottes Willen.

Geschichten aus dem Neuen Testament

WARTEN AUF DEN NEUEN KÖNIG

Vierhundert Jahre waren vergangen: vierhundert Mal Sommer, vierhundert Mal Winter. Das Volk Israel war aus seiner Gefangenschaft in Babylon längst heimgekehrt. Aber frei war es nicht.
Jetzt gehörte es zum Reich eines Kaisers, der in Rom lebte und Augustus hieß. Wie groß dieses Römische Reich war, konnte sich niemand vorstellen, kein Fischer am Meer, kein Händler in Jerusalem. Nur dass es von Sonnenaufgang bis Sonnenuntergang reichte, das wussten die Leute. Und wie mächtig dieser Kaiser war, merkten sie täglich an seinen vielen Beamten und Soldaten im Lande. Und an dem König Herodes in Jerusalem, der im Auftrag des Kaisers das Volk Israel regierte.

DIE VERKÜNDIGUNG

Die Wasserkrüge waren leer, Zeit, zum Brunnen zu gehen. Maria nahm ein Tuch um die Schultern. Da hörte sie ein Geräusch.
In der Tür stand eine hohe, helle Gestalt. Maria erschrak sehr, sie war wie geblendet.
»Sei gegrüßt, du Begnadete«, sagte die Gestalt. »Der Herr ist mit dir.«
Über diese seltsame Anrede erschrak Maria noch mehr.
»Fürchte dich nicht, Maria, du hast Gnade gefunden bei Gott.«
Maria erkannte jetzt, dass es ein Engel war, der mit ihr sprach. Sie fiel auf die Knie.
»Maria, du wirst ein Kind bekommen, einen Sohn, und du sollst ihm den Namen Jesus geben. Dieser Sohn wird der Sohn Gottes genannt werden und er wird ein König sein und sein Königreich wird niemals zu Ende gehen.«
Maria sah zu dem Engel Gabriel auf. »Wie soll das aber zugehen, ich habe ja gar keinen Mann.«
Da antwortete ihr der Engel: »Der Heilige Geist wird über dich kommen. Darum wird das Heilige Kind, das von dir geboren wird, Gottes Sohn genannt werden. Bei Gott, Maria, ist nichts unmöglich.«
Jetzt wurde Maria ganz ruhig. Sie nickte und sagte: »Ich bin die Magd des Herrn. Wenn Gott es will, soll geschehen, was du gesagt hast.«
Und der Engel verließ Maria.

JOSEF UND MARIA

Drei Monate war Maria fort gewesen bei Verwandten. Als sie zurückkam, sah jeder, dass sie ein Kind erwartete. Auch Josef, ihr Verlobter, sah es und war tief enttäuscht.
Was hatte Maria ihm angetan? Er wollte fortgehen aus Nazaret, für immer.
In der Nacht aber schickte Gott seinen Engel zu ihm, und Josef erfuhr im Traum, wie alles gekommen war und dass Maria den Sohn Gottes zur Welt bringen würde. »Gott will mit ihm die Menschen retten«, sagte der Engel.
Als Josef erwachte, war er erlöst von seinen Zweifeln und er nahm Maria zur Frau.
Zu dieser Zeit wollte Kaiser Augustus wissen, wie viele Menschen in seinem Reich lebten. Deshalb erließ er das Gebot:
Ein jeder muss sich zählen lassen. Nicht irgendwo, nein, dort, wo seine Väter gewohnt hatten. Da wusste Josef, dass er sich mit Maria auf den Weg nach Bethlehem machen musste, denn er stammte aus dem Geschlecht Davids.

DIE GEBURT IM STALL

Der lange Weg wurde beschwerlich für Maria. Es dauerte ja nur noch Tage, bis das Kind in ihr zur Welt kommen wollte. Deshalb kaufte Josef einen Esel, und der Esel trug Maria nach Bethlehem.
Herbergen gab es in Bethlehem genug. Aber Maria und Josef fanden keinen Platz mehr. Denn es war Volkszählung im Lande! Die Häuser waren überfüllt, kein Wirt nahm sie auf. Endlich erbarmte sich ein einfacher Mann. Er hatte nichts weiter als einen Stall, in dem ein Ochse untergebracht war. Auf dem Fußboden bereitete Josef ein Lager aus Stroh. Darauf brachte Maria ihren Sohn zur Welt. Sie nannte ihn Jesus, wie der Engel es ihr gesagt hatte. Dann nahm sie Windeln aus dem Reisebündel und wickelte ihr neugeborenes Kind hinein.
Josef hatte inzwischen die Futterkrippe mit Stroh gepolstert und Maria legte das Kind darauf.
Jetzt hielt Josef die Laterne hoch. Voller Freude betrachteten die beiden ihren Sohn.

BEI DEN HIRTEN AUF DEM FELDE

Nicht weit von Bethlehem entfernt lagerten Hirten und ihre Schafherde für die Nacht. Sie hatten ihre Mahlzeit verzehrt, das Feuer war ausgegangen, sie wickelten sich in ihre Umhänge. Zwei der Hirten umkreisten die Herde mit Stab und Steinschleuder. Immer wenn sie sich begegneten, sprachen sie miteinander. Jetzt sagte der eine: »Merkwürdig ist die Finsternis heute.«

»Ja«, sagte der andere, »so undurchdringlich war die Dunkelheit lange nicht mehr.«

Plötzlich fiel vom Himmel eine gleißende Lichtbahn herab. Sie kam näher. Die Hirten drängten sich voller Angst zusammen. Jetzt erkannten sie, dass in der Lichtbahn ein Engel stand.

»Fürchtet euch nicht!«, sagte der Engel. »Ich verkündige euch große Freude. Heute ist in Bethlehem allen Menschen der Heiland geboren, Christus, der Herr. Ihr werdet das Kind in Windeln gewickelt finden und es wird in einer Krippe liegen.«
Im nächsten Augenblick war der ganze Himmel hell von Engeln.
Sie lobten Gott und sprachen: »Ehre sei Gott in der Höhe und Friede auf Erden und den Menschen ein Wohlgefallen.«
Nicht lange darauf war wieder tiefe Dunkelheit über dem Felde.

IM STALL VON BETHLEHEM

»Lasst uns nach Bethlehem gehen und das Kind suchen«, sagte einer der Hirten.
Bald fanden sie den Stall. Behutsam öffneten sie die Tür. Und da sahen sie es. Zwischen Maria und Josef stand die Krippe, und in der Krippe lag das neugeborene, schlafende Kind. Die Hirten brachten kein Wort hervor, keinen Laut. Alles war still. Und doch meinten sie einen Jubel zu hören. Aus der Nähe? Aus der Ferne? Sie wussten es nicht.
Es brauchte eine Weile, bis sie erzählen konnten, was ihnen draußen bei der Herde geschehen war. Voller Staunen hörten Maria und Josef, was der Engel den Hirten verkündet hatte. Maria aber musste immer wieder darüber nachdenken, auch als die Hirten schon lange davongegangen waren.

DIE DREI WEISEN AUS DEM MORGENLAND

Im Morgenland lebten drei Männer, Kaspar, Melchior und Balthasar. Sie waren reich wie Könige und klug wie hundert weise Männer zusammen. Sie verstanden die Sterne zu deuten. Eines Nachts fiel ihnen ein Stern besonders auf. Er konnte nichts anderes bedeuten, als dass dem Volk Israel ein außerordentlicher König geboren worden war. Sie machten sich mit Geschenken auf den Weg nach Jerusalem zu König Herodes. Doch dem König war kein Sohn geboren worden.
»Dann müssen wir weitersuchen«, sagten die drei Weisen, »denn der Stern zeigt einen neugeborenen König an.«
Herodes erschrak. Ein König gegen ihn? Voller List sagte er: »Kommt zurück, wenn ihr ihn gefunden habt. Ich will ihm auch huldigen.«

Die drei Weisen versprachen es.
In der Nacht führte sie der Stern bis Bethlehem. Über einem Stall blieb er stehen.
Durch die Spalten der hölzernen Tür fiel Licht. Die drei Weisen gingen hinein und sie sahen das Kind in der Krippe: der neugeborene König! Kniend brachten sie ihm ihre Geschenke dar: Gold, Weihrauch und Myrrhe. Sie beteten das Kind an und konnten sich lange nicht von seinem Anblick trennen.

DIE FLUCHT NACH ÄGYPTEN

Zufrieden legten sich die drei Weisen zum Schlafen nieder. Morgen wollten sie zurückreiten zu König Herodes, wie sie es ihm versprochen hatten. In der Nacht aber träumten alle drei den gleichen Traum. Gott sagte zu ihnen: »Geht nicht zu Herodes zurück. Zieht auf einem anderen Weg heim in euer Land.«
Und weil sie weise Männer waren, befolgten sie Gottes Rat.
In derselben Nacht hatte auch Josef einen aufregenden Traum.
»Steh auf«, sprach der Engel Gottes zu ihm, »nimm das Kind und seine Mutter und flieh nach Ägypten. König Herodes will das Kind töten. Deshalb bleib so lange dort, bis ich dich rufen werde.«
Josef weckte Maria, sie wickelte das Kind in eine Decke, und der Esel trug beide aus Bethlehem fort. Josef führte ihn, und als sie rasteten, hörten sie von Bethlehem her Schreie und Wehklagen. Herodes hatte seine Soldaten alle Häuser durchsuchen lassen nach Knaben, die jünger als zwei Jahre waren. Sie rissen den Müttern die Kinder weg und töteten sie. So sehr fürchtete Herodes, seine Macht zu verlieren.
Die Heilige Familie lebte nun in Ägypten. Aber die Zeit verging, und als Herodes gestorben war, kehrten sie heim nach Nazaret.

JESUS WIRD GETAUFT

Immer mehr Leute kamen zu Johannes, wenn er predigte.
»Kehrt um und lebt nach Gottes Geboten! Wer zwei Kleider hat, soll dem eins geben, der keines hat. Lasst euch taufen und lebt nach Gottes Geboten!«
»Wer ist dieser Mann?«, fragte Jakob. Er stand mit Lea am Ufer des Jordan.
»Das ist Johannes, der Sohn von Zacharias und Elisabet«, sagte Lea.
»Sieh hin, er ist mit nichts als mit einem Kamelfell bedeckt und er soll in der Wüste von Honig und Heuschrecken leben.«
Zum Ufer trat jetzt ein junger Mann. »Das ist Jesus«, flüsterte Lea, »sein Vetter.«
»Johannes«, sprach Jesus, »ich will mich von dir taufen lassen.«
»Wie kann das sein«, sagte Johannes, »du bist doch der von Gott Gesandte und nicht ich.«
Jesus lächelte, stieg in den Fluss und betete und Johannes tauchte ihn unter. Als Jesus getauft war, stieg er aus dem Wasser. Jetzt kam ein heller Strahl vom Himmel herab, aus dem eine Taube über Jesus schwebte. Und alle hörten eine Stimme, die sprach: »Du bist mein lieber Sohn, an dem ich Wohlgefallen habe.«

DAS FISCHWUNDER

Für Jesus war jetzt die Zeit gekommen, um vor den Menschen zu predigen. Er ging nach Galiläa. Am See Gennesaret hatten sich viele Menschen eingefunden, die ihn hören wollten.
Am Ufer sah Jesus ein Boot, in dem zwei junge Fischer ihr Netz flickten. Jesus bat sie, mit ihm ein Stück auf den See zu fahren, damit ihn die Leute besser hören könnten. Als Jesus gepredigt hatte, sagte er zu den Fischern, sie sollten ihr Netz auswerfen. »Nein, Herr«, sagte Simon, einer der beiden, »mein Bruder und ich haben die ganze Nacht gefischt und nichts gefangen.« »Wir sind müde«, sagte Andreas, der andere. Aber sie ließen sich doch überreden. Es dauerte nicht lange, und sie merkten, wie voll ihr Netz wurde, so voll, dass sie Angst hatten, es könnte zerreißen. Jetzt riefen sie über den See nach zwei anderen Fischern, die auch Brüder waren, Jakobus und Johannes. »Kommt, helft uns!« Es war gut, dass sie kamen. Sie halfen, das übervolle Netz an Land zu ziehen.
»Herr, ich habe dir nicht geglaubt«, sagte Simon, »sieh mich nicht mehr an.«
Jesus legte ihm die Hand auf die Schulter. »Ich will, dass du mit mir gehst. Von jetzt an wirst du ein Menschenfischer sein.« Mitgehen wollten auch Andreas, Jakobus und Johannes, und sie wurden die ersten Jünger Jesu.

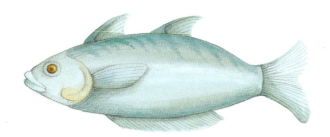

JESUS HEILT DEN GELÄHMTEN

Immer mehr Menschen kamen und wollten Jesus predigen hören.
Die Pharisäer und Schriftgelehrten waren misstrauisch.
Ihnen gefiel nicht, was Jesus über Gott sagte. Aber es gefiel
den einfachen Leuten.
Eines Tages predigte Jesus im Haus eines gläubigen Mannes.
Das Haus war überfüllt, sogar vor der Tür standen die Menschen.
Jetzt brachten vier Männer einen Gelähmten zu dem Haus.
»Wenn dir einer helfen kann, dann ist es Jesus aus Nazaret, wir
bringen dich zu ihm«, sagten sie. Aber niemand machte ihnen
Platz. Da stiegen sie kurzerhand auf das Dach, die Außentreppe
hinauf. Sie nahmen so viele Ziegel weg, dass sie den gelähmten
Mann durch die Öffnung hinunterlassen konnten.
Jesus war tief berührt von dem starken Glauben dieser
Menschen. Er sagte zu dem Gelähmten: »Steh auf, deine
Sünden sind dir vergeben.«
»Hört euch das an«, flüsterten die Pharisäer und Schriftgelehrten,
die unter den Leuten waren. »Er bildet sich ein, er könnte
Sünden vergeben wie Gott.« Und Jesus sagte, als hätte er es
gehört: »Alle sollen sehen, welche Macht ich habe: Steh nun auf
und geh nach Hause.«
Und wahrhaftig, der Gelähmte stand auf, dankte Jesus und
ging aus dem Haus.
»Das kann doch nicht sein«, flüsterten die Leute.
»Wir haben ein Wunder gesehen!«

DIE ZWÖLF JÜNGER

Überall wo Jesus predigte, fanden sich viele Menschen ein. Und je länger er durch das Land zog, desto mehr wurden es. Aber Jesus wollte auch oft allein sein, um zu beten. »Wie andere Menschen essen müssen, um zu leben«, sagte er, »muss ich beten.«

Eines Tages suchte er unter den Männern diejenigen aus, die immer bei ihm sein und ihm helfen sollten, seine Botschaft unter den Menschen zu verbreiten. Es wurden zwölf. Vier davon hatte er schon am See Gennesaret gefunden. Das waren der Fischer Simon, den er Petrus nannte, und sein Bruder Andreas. Das waren außerdem die Fischerbrüder Jakobus und Johannes. Zu denen kamen Philippus,

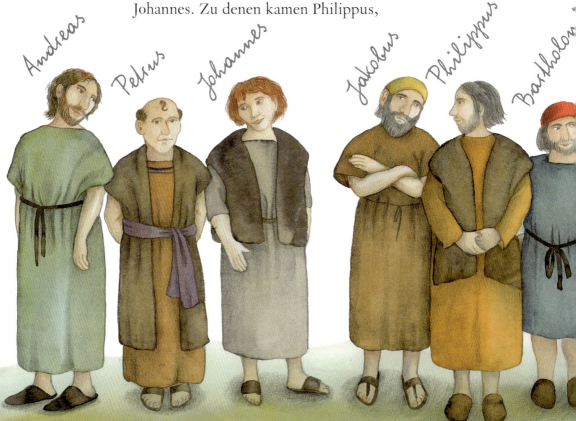

Bartholomäus, Thomas, Judas und Simon aus Kana, Jakobus, der Sohn von Alfäus, und auch Judas Iskariot war dabei, der ihn später verraten würde. Aber er wählte auch Mattäus aus. Das konnten die anderen nicht verstehen, denn Mattäus war ein Steuereinnehmer gewesen, und von den Steuereinnehmern hieß es, sie seien Betrüger. Und so einer sollte ein Jünger sein und zu ihnen gehören?
Jesus lächelte, als er sah, wie die elf ihre Köpfe zusammensteckten.
»Er ist kein Betrüger mehr«, sagte er. »Ich weiß es.«
Und damit war Mattäus aufgenommen.

Thomas Simon aus Kana Judas Jakobus Judas Iskariot Mattäus

JESUS UND DIE KINDER

Es war der Sohn des Torhüters, der die Straße entlangrannte. »Sie kommen«, rief er, »sie kommen!«
Aus den Häusern strömten die Leute, und in der Eile nahmen die Frauen auch ihre Kinder mit.
Am Brunnen stand Jesus mit seinen Jüngern und redete zu den Leuten von der Liebe Gottes, tröstete sie und ermahnte alle, nach Gottes Willen zu leben.
Da schoben die Frauen ihre Kinder nahe zu Jesus hin, aber die Jünger drängten sich dazwischen. »Seht ihr denn nicht, wie müde Jesus ist von dem langen Weg und vom Predigen?«
Aber Jesus breitete die Arme aus und rief: »Lasst doch die Kinder zu mir kommen. Verwehrt es ihnen nicht. Niemand wird von Gott mehr geliebt als die Kinder und alle Menschen, die wie Kinder sind.« Und er nahm jedes Kind in die Arme, legte ihm dann die Hand auf den Kopf und segnete es.

BROT UND FISCHE FÜR FÜNFTAUSEND

Überall, wo Jesus unterwegs war, kamen viele Leute zusammen. Diesmal drängten sie sich am See Gennesaret um ihn. Hören wollten sie ihn, heilen sollte er die Kranken. Zuerst waren es Hunderte, dann Tausende.

Am Abend sagten die Jünger zu Jesus: »Die Menschen werden hungrig sein. Aber wo sollen wir Brot kaufen für so viele Menschen?«

Da sagte Andreas: »Ich habe einen Jungen gesehen, der hatte fünf Gerstenbrote in seinem Korb und zwei Fische dazu.«

»Bring ihn zu mir«, sagte Jesus. Und der Junge kam und hielt Jesus den Korb mit Brot und Fischen hin. »Sagt allen Leuten, sie sollen sich hier niederlassen«, sprach Jesus. »Die Wiese ist groß genug.«

Und die fünftausend Menschen versammelten sich, Jesus hielt das Brot hoch und bat Gott, es zu segnen. Dann teilten es seine Jünger aus, zusammen mit den Fischen. Und von beidem wurden wirklich fünftausend Menschen satt.

Als sie gegessen hatten, sagte Jesus zu seinen Jüngern: »Jetzt sammelt die Brocken auf, die noch übrig sind, denn es soll nichts verderben.« Und die Jünger sammelten zwölf Körbe voll.

Die fünftausend Menschen aber, die satt geworden waren, sagten: »Das ist wahrhaftig der Prophet, der in die Welt kommen soll.«

JESUS GEHT ÜBER DAS WASSER

Wieder einmal war Jesus mit vielen Menschen zusammen gewesen. Jetzt wollte er allein sein und beten. Er sagte zu den Jüngern: »Steigt ins Boot und rudert ans andere Ufer. Ich will zu Fuß gehen.«
Die Jünger ruderten los. Es wurde dunkel, und als sie mitten auf dem See waren, kam Wind auf. Das Wasser wurde unruhig. Das Boot begann zu schwanken.
Plötzlich kam auf dem Wasser eine Gestalt auf sie zu. Die Jünger erschraken und schrien vor Angst.
»Das ist ein Gespenst!«, rief einer.
Die Gestalt kam näher. Die Jünger riefen laut: »Jesus?«
»Fürchtet euch nicht, ich bin es wirklich«, antwortete Jesus. Wie konnte das sein? Er ging auf dem Wasser!
»Wenn du es wirklich bist, Herr«, rief Petrus, »dann lass mich zu dir kommen.«
»Komm!«, sagte Jesus.
Petrus kletterte über den Bootsrand und ging einige Schritte. Jetzt kam starker Wind auf. Petrus bekam Angst und begann zu sinken. »Rette mich, Herr, hilf mir!«, rief er. Jesus streckte die Hand aus, hob Petrus aus dem Wasser und sagte: »Warum hast du gezweifelt? Hast du immer noch keinen festen Glauben?«
Sie stiegen in das Boot und der Wind legte sich. Die Jünger fielen vor Jesus nieder und sagten: »Du bist wahrhaftig Gottes Sohn!«

DREISSIG SILBERLINGE

Als Jesus in Jerusalem einzog, jubelten ihm die Leute auf den Straßen zu. Nur die Priester tuschelten im Tempel. »Jetzt ist es genug«, sprachen sie untereinander. »Nicht mehr lange, und er ruft sich zum König aus!« – »Und das Volk huldigt ihm!« – »Er muss gefangen und getötet werden.« – »Aber es muss unauffällig geschehen. Das Volk darf es nicht merken.«
So redeten sie und wussten doch nicht, wie sie es anstellen sollten. Da kam ihnen ein Mann zu Hilfe. Das war Judas Iskariot, einer der zwölf Jünger Jesu.

»Was wollt ihr mir geben, wenn ich euch verrate, wo ihr Jesus gefangen nehmen könnt?«
Lohn dafür, dass er seinen Herrn verrät?, dachten sie alle.
»Dreißig Silberlinge«, sagten sie. »Aber wie soll das geschehen?«
»In der Nacht, nach dem Abendmahl, wenn Jesus mit uns Jüngern vom Beten kommt. Ich werde ihn küssen, dann wisst ihr, welcher es ist.«
Die Priester waren einverstanden. Sie gaben Judas die dreißig Silberlinge. Nun war es so weit!

DAS ABENDMAHL

Jesus und seine Jünger bereiteten ein festliches Mahl vor. Es war Passa. Sie brieten das Passalamm und kauften Brot und Wein. Bevor sie sich niedersetzten, wusch Jesus seinen Jüngern die Füße. Er wollte ihnen damit zeigen, dass jeder bereit sein sollte, dem anderen Menschen zu dienen, auch wenn er selbst noch so hochgestellt war.

Dann setzten sie sich an den Tisch und Jesus sagte:
»Einer von euch wird mich verraten.«
Die Jünger erschraken. »Bin ich es, Herr?«, fragte jeder.
»Einer, der hier mit mir isst«, antwortete Jesus.
Jetzt fragte Judas: »Bin ich es, Herr?«
Jesus antwortete ihm: »Du hast es gesagt.«

BROT UND WEIN

Jesus nahm jetzt das frische Brot, dankte Gott und sagte: »Nehmt es und esst es, das ist mein Leib.« Dann nahm er den Kelch und dankte Gott noch einmal: »Das ist mein Blut, das vergossen wird, damit allen Menschen ihre Sünden vergeben werden. Ich werde niemals mehr Wein trinken, bevor ich nicht im Himmel bei meinem Vater bin.«

Und als sie alle gegessen hatten, standen sie auf, denn Jesus wollte im Garten Gethsemane beten. Er sagte zu ihnen:
»In dieser Nacht werdet ihr alle nicht zu mir halten.«
»Ich werde immer zu dir halten«, antwortete Petrus.
»Ach, Petrus«, sagte Jesus, »bevor der Hahn kräht, wirst du mich dreimal verleugnen.«
Gedrückt und still sahen die Jünger Jesus an.

DIE GEFANGENNAHME

In der Nacht, als Jesus mit den Jüngern den Garten Gethsemane verließ, kamen ihnen Bewaffnete entgegen. Vor ihnen eilte Judas auf Jesus zu und küsste ihn. Sofort nahmen die Soldaten Jesus gefangen. Sie brachten ihn zu Kaiphas, dem Hohepriester. Der hatte alle Hohepriester und Schriftgelehrten zu sich gerufen. Als Jesus vor ihnen stand, erzählten sie lauter Lügen über ihn, denn sie wollten ihn unbedingt verurteilen. Jesus sagte nichts dazu. Endlich fragte Kaiphas: »Bist du wahrhaftig Gottes Sohn?« Jesus antwortete: »Ja, ich bin es.« Da schrie Kaiphas: »Jetzt habt ihr es alle gehört. Er lästert Gott!«

Und die anderen schrien: »Er ist schuldig! Er muss mit dem Tode bestraft werden.« Voller Hass schlugen sie ihn ins Gesicht und bespuckten ihn. Zum Tode verurteilt konnte Jesus aber nur von Pilatus werden. Pilatus war der höchste römische Beamte in Jerusalem. Dazu mussten sie den neuen Tag abwarten. In dieser Nacht, als Jesus zu Kaiphas gebracht wurde, schlich sich Petrus hinterher. Er hörte, wie sie Jesus zusetzten. Plötzlich kam eine Magd, sah ihn und rief: »Du bist doch einer von Jesus.«
»Nein«, antwortete Petrus, »ich kenne diesen Menschen nicht.«
In der Nacht wurde Petrus noch zweimal erkannt.
Er leugnete wieder, dass er zu Jesus gehört hatte.
Plötzlich krähte ein Hahn.
Da fiel Petrus ein, was Jesus gesagt hatte.
Er schämte sich und weinte.

VOR PILATUS

Am Morgen wurde Jesus gefesselt vor Pilatus geführt.
Die Hohepriester klagten ihn an.
»Dieser Mann hetzt das Volk auf. Er behauptet, ein König zu sein.«
Pilatus verhörte Jesus und sagte dann: »Dieser Mensch ist unschuldig, er hat den Tod nicht verdient.«
Da schrien die aufgehetzten Leute, die um den Palast herum standen: »Kreuzige ihn!«
Pilatus aber hatte das Recht, zum Passafest einen Gefangenen freizulassen. Er hoffte, die Leute würden sich für Jesus entscheiden, aber sie entschieden sich für einen Mörder. Für Jesus forderten sie: »Ans Kreuz mit ihm!«
Da musste ihn Pilatus zum Tode verurteilen. Die Knechte ergriffen ihn und schlugen ihn blutig mit ihren Peitschen. Dann zogen sie ihm einen roten Mantel an und drückten ihm eine Dornenkrone auf den Kopf.
»Wie es sich für einen König gehört!«, riefen sie, rissen ihm den Mantel wieder herunter und legten ihm ein schweres Holzkreuz auf den Rücken.
Judas war unter den Leuten gewesen. Er wusste jetzt, was er mit seinem Verrat angerichtet hatte. Er ging fort.
Später fand man ihn – tot. Er hing an einem Baum.

DIE KREUZIGUNG

Auf dem Weg nach Golgatha brach Jesus unter dem schweren Kreuz immer wieder zusammen. Die vielen schaulustigen Menschen, die ihn sterben sehen wollten, wurden ungeduldig. Auf der Hinrichtungsstätte schlugen ihn Soldaten ans Kreuz. Rechts und links von ihm kreuzigten sie zwei Räuber.
Und wieder wurde Jesus verhöhnt. »Steig herab, wenn du Gottes Sohn bist!«, riefen die Leute.
Jesus sah seine Mutter. Neben ihr stand der Jünger Johannes, den er besonders lieb hatte. Zu seiner Mutter sagte er: »Er soll von jetzt an dein Sohn sein.« Und zu Johannes sagte er: »Sie ist von nun an deine Mutter.«
Jesus litt am Kreuz große Schmerzen. Die Soldaten kümmerten sich nicht darum, sie würfelten um seinen Rock.
Als Jesus sagte: »Ich habe Durst«, reichten sie ihm einen Schwamm, den sie in Essig getaucht hatten. Da schrie Jesus auf. Seine letzten Worte am Kreuz waren: »Es ist vollbracht.« Dann sank sein Kopf auf die Brust. Jesus war tot.
In diesem Augenblick kam eine große Finsternis über das Land. Die Erde bebte und im Tempel riss der Vorhang entzwei.

DAS LEERE GRAB

Am Abend, nachdem Jesus gestorben war, ging Josef von Arimathäa, ein Ratsherr, zu Pilatus. Er wollte Jesus begraben, und Pilatus erlaubte es ihm. Der Mann nahm Jesus vom Kreuz, salbte ihn und wickelte ihn in Leinentücher. Dann legte er ihn auf eine steinerne Bank in einem Felsengrab. Vor den Eingang wälzte er einen schweren Stein.
Am Morgen nach dem Feiertag wollten befreundete Frauen Jesus salben. Das waren Maria Magdalena, Maria, die Mutter des Jakobus, und Salome. Erstaunt bemerkten sie, dass der schwere Stein nicht mehr vor dem Eingang lag. Und als sie in das Grab gingen, war es leer.
Dafür saß auf der steinernen Bank ein großer Jüngling in weißem Gewand. Die Frauen fürchteten sich.
Jetzt wurden sie angeredet. »Der, den ihr sucht, ist nicht hier. Jesus ist auferstanden. Hat er euch nicht immer gesagt, als Mensch wird er verurteilt werden und am Kreuz sterben müssen, aber am dritten Tag wird er auferstehen?«
Da erinnerten sich die Frauen. Sie gingen zu den Jüngern zurück und erzählten ihnen alles.
Die Jünger waren ratlos. Am Abend aber, als sie zusammensaßen, trat Jesus durch die verschlossene Tür. Er sagte zu ihnen: »Geht zu den Menschen in der ganzen Welt und predigt so, wie ich gepredigt habe. Und alle, die glauben, werden selig sein.«

DIE HIMMELFAHRT

In den vierzig Tagen, die nun folgten, zeigte sich Jesus seinen Jüngern immer wieder. Manche zweifelten nämlich daran, ob er es wirklich wäre. Wie sollte ein gestorbener Mensch wieder leibhaftig bei ihnen sein? Erst als Jesus ihnen die Wundmale an seinen Händen und Füßen zeigte, glaubten sie es. Oder wenn er mit ihnen aß. Dann brach er das Brot ebenso wie an jenem Abend, als er mit ihnen das letzte Mal gegessen hatte.
In einem Gespräch fragte er Petrus dreimal, ob er ihn lieb habe. Und jedes Mal antwortete Petrus: »Ja, Herr.« Darauf sagte Jesus: »Du wirst mein Nachfolger sein.«
Eines Tages waren sie alle am Ölberg beisammen. Da sagte Jesus: »Ich werde nun nicht länger bei euch bleiben. Aber über euch wird der Heilige Geist kommen, und ihr werdet den Menschen verkündigen, was ich gepredigt habe. Ihr sollt die Menschen taufen im Namen des Vaters, des Sohnes und des Heiligen Geistes. Seid gewiss. Ich bin bei euch alle Tage bis zum Ende der Welt.« Im nächsten Augenblick stand Jesus nicht mehr unter ihnen.
Eine Wolke hüllte ihn ein und hob ihn in den Himmel hinauf.

DAS PFINGSTWUNDER

Sieben Wochen nach dem Passafest wurde in Jerusalem das Pfingstfest gefeiert. In den Straßen drängten sich die Menschen. Überall herrschte Freude und Fröhlichkeit. Die Jünger dagegen saßen alle zusammen bedrückt im Haus. Sie hatten die Türen fest verschlossen. Wer konnte den Hohepriestern trauen? Plötzlich hörten sie ein gewaltiges Brausen. Es war über ihnen, es kam auf sie zu. Jetzt spürten sie Flammen über ihren Köpfen. War das der Heilige Geist, von dem Jesus gesprochen hatte? Die Jünger wagten es, auf die Straße zu gehen. Sie hörten die Menschen reden, und sie verstanden auch, was die Fremden sagten, ganz gleich, ob sie aus Ägypten kamen, aus Rom oder aus Griechenland. Noch seltsamer war, dass sie selbst in jeder fremden Sprache reden konnten.

Sie sprachen von der Liebe Gottes und von seinen Geboten.
Und die Leute hörten den Jüngern zu.
»Was sind das für Männer?«, fragten die einen. »Von wem reden sie?«
Die anderen sagten: »Ach, die haben zu viel Wein getrunken – was denn sonst!«
Da sprach Petrus: »Nein, von uns hat keiner zu viel Wein getrunken. Wir verkündigen, was uns Jesus, der Sohn Gottes, aufgetragen hat. Sein Heiliger Geist ist über uns gekommen und wir werden allen Menschen in der Welt seine Botschaft bringen.«

NACHWORT

Zahlreiche Studien belegen, dass die Religiosität so alt ist wie die Menschheit selbst und dass die Frage nach Gott im Innersten eines jeden Menschen verwurzelt ist. Schon die ganz kleinen Kinder haben ein »religiöses Potenzial«, eine spirituelle Begabung, deren Entwicklung zunächst vor allem im Verantwortungsbereich von uns Erwachsenen liegt. So wie etwa im Bereich der Musikalität die unschätzbaren Fördermöglichkeiten im Kindesalter längst erkannt sind, eröffnet auch eine frühzeitige religiöse Bildung den Kindern besondere Chancen für ihre Lebensgestaltung. Derzeit wird immer wieder betont, dass die Beschäftigung mit der Sinn- und Wertefrage eine der wichtigen Säulen des eigenen Lebensglückes ist.

Die im Christentum verankerten Botschaften, zum Beispiel vom Aufgehobensein in Gott, von der Tragfähigkeit der Nächstenliebe und von der Notwendigkeit der Toleranz und des eigenen sozialen Handelns, können für unsere Kinder eine wichtige Basis für den Aufbau ihres eigenen Wertesystems sein. Dabei ermöglicht die Bibel als Grundlagenbuch des christlichen Glaubens aufgrund der Bildhaftigkeit vieler Geschichten gerade den Kindern seit jeher einen hervorragenden Zugang zum christlichen Glauben. In diesem Sinne kann die vorliegende, in Sprache und Bild so schön ausgestaltete Kinderbibel Motivation sein und Mut machen zu einer neuen Begegnung mit dem Christentum!

Friederike Dyszak,
Religionspädagogin

RENATE SEELIG

Sie studierte an den Kunstakademien Kassel und Hamburg. Seit 1974 illustriert sie Kinderbücher für zahlreiche Verlage. Ihre meisterhaft gemalten, farbenprächtigen Bilder begeistern auf der ganzen Welt Kinder und Erwachsene gleichermaßen.

BARBARA BARTOS-HÖPPNER

Von 1965 bis 2006 als freie Schriftstellerin tätig, hat sie seither zahlreiche Preise erhalten. Sie schrieb Kinder- und Jugendbücher, aber auch Historisches und Belletristik. Ihre Bücher wurden in mehr als 20 Sprachen übersetzt.
Weitere Informationen unter:
www.bartos-hoeppner.de.
Sybil Gräfin Schönfeldt sagt über Barbara Bartos-Höppner: »Die intensive Imagination, die Heftigkeit und Ausschließlichkeit ihrer Geschichten ziehen den Leser in eine Welt, die wirklicher als die Wirklichkeit erscheint.«

Bibliografische Information
der Deutschen Nationalbibliothek

Die Deutsche Nationalbibliothek verzeichnet diese Publikation in der Deutschen Nationalbibliografie; detaillierte bibliografische Daten sind im Internet über http://dnb.d-nb.de abrufbar.

© 2017 arsEdition GmbH,
Friedrichstraße 9, 80809 München
Alle Rechte vorbehalten
Text: Barbara Bartos-Höppner
Illustrationen: Renate Seelig
Satz: Janina Michna, München
ISBN 978-3-8458-1779-8

www.arsedition.de